LE TITANIC

POUR LA PRÉSENTE ÉDITION

Produit pour DK par WonderLab Group L.L.C
Jennifer Emmett, Erica Green, Kate Hale, *Fondatrices*

Éditrice Maya Myers ; **Éditrice Photographies** Nicole DiMella ; **Direction éditoriale** Rachel Houghton ;
Graphisme Project Design Company ; **Recherches** Michelle Harris ; **Rédactrice en chef** Lori Merritt ;
Index Connie Binder ; **Traduction française** Stéphanie Lux ; **Correctrice française** Sheila Malovany-Chevallier ;
Experte sujet Dr. Naomi R. Caldwell ; **Spécialiste lecture** Dr. Jennifer Albro

Première édition américaine 2024
Publié aux États-Unis par DK Publishing, une division de Penguin Random House LLC
1745 Broadway, 20th Floor, New York, NY 10019

Traduction française 2025 Dorling Kindersley Limited
25 26 27 10 9 8 7 6 5 4 3 2 1
005-349060-August/2025

Tous droits réservés.
Sans limiter les droits du copyright réservé ci-dessus, aucune partie de cette publication ne peut
être reproduite, stockée ou introduite dans un système de récupération des données, sous quelque forme
ou par quelque moyen que ce soit (électronique, mécanique, photocopie, enregistrement ou autre)
sans l'autorisation préalable écrite du détenteur du copyright.
Publié en Grande-Bretagne par Dorling Kindersley Limited

Le présent ouvrage est répertorié dans le catalogue de la Bibliothèque du Congrès.
HC ISBN : 978-0-5939-6823-9
PB ISBN : 978-0-5939-6822-2

Les livres DK sont disponibles à prix réduit lorsqu'ils sont achetés en gros à des fins promotionnelles, de remises
de prix, pour des collectes de fonds ou à des fins éducatives. Pour plus d'informations, veuillez contacter
DK Publishing Special Markets, 1745 Broadway, 20th Floor, New York, NY 10019
SpecialSales@dk.com

Imprimé et relié en Chine

La maison d'édition tient à remercier, pour leur aimable autorisation de reproduire leurs images :
h = haut ; c = centre ; b = bas ; g = gauche ; d = droite ; f = fond

Alamy Stock Photo : AJ Pics 44-45b, James Nesterwitz 40cdb, PictureLux / The Hollywood Archive / American Pictorial Collection 43cdb, Shawshots 41hg ; **Bridgeman Images :** Jonathan Barry 15bd ; **Dreamstime.com :** Andrea La Corte 42-43h, Boyan Dimitrov 1, Halelujah 11cb, W.scott Mcgill 3cb ; **Getty Images :** AFP 38-39h, AFP / Leon Neal 22cgb, Bettmann 35hd, John Parrot / Stocktrek Images 46b, David Paul Morris 41cd, Pictures from History / Universal Images Group 44cgh, Roger Viollet 4-5 ; **Getty Images / iStock :** Nerthuz 7cg ; **National Museum of the U.S. Navy :** 36bd ; **NOAA :** Lori Johnston, RMS Titanic Expedition 2003 39cd ; **Science Photo Library :** NOAA 37 ; **Shutterstock.com :** 365 Focus Photography 42bd, Everett Collection 13hd, 27hd, 42cg, Dimitrios Karamitros 6–7b, Solent News 33cdb

Illustrations de couverture : *Couverture :* **Alamy Stock Photo :** Album ; **Dreamstime.com :** Vitalez1988 (fond) ;
Quatrième de couverture : **Science Photo Library :** Patrick Landmann cdh

www.dk.com

LE TITANIC

Caryn Jenner et Angela Modany

Sommaire

6	Un voyage funeste
8	Le départ d'une famille
12	Iceberg !
16	Aux canots de sauvetage
24	Le naufrage de l'insubmersible
31	Le sauvetage

36 La découverte
40 Des morceaux d'histoire
42 La mémoire du *Titanic*
46 Glossaire
47 Index
48 Quiz

Un voyage funeste

Lorsque le paquebot de luxe *Titanic* s'élance pour traverser l'océan Atlantique en 1912, il est réputé « insubmersible ». Sa coque, conçue spécialement, comprend de multiples compartiments étanches. Ses ingénieurs pensent que même si l'un d'eux prend l'eau, ce ne sera pas le cas des autres.

Océan Atlantique
14 avril 1912 : Le *Titanic* heurte un iceberg dans l'Atlantique nord. Presque trois heures plus tard, aux premières heures du 15 avril, le paquebot coule entièrement.

New York, États-Unis
18 avril 1912 :
Les survivants arrivent aux Etats-Unis.

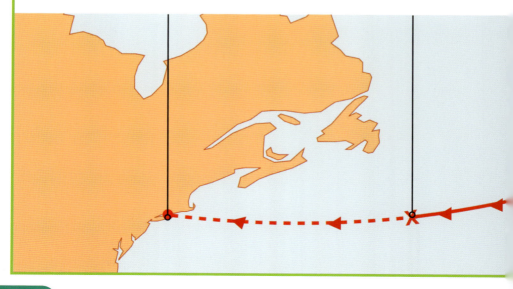

Mais le premier voyage du *Titanic* sera aussi son dernier. Moins de la moitié des passagers montés à bord survivront au naufrage.

La famille que tu vas rencontrer est imaginaire, mais son histoire est basée sur les récits des véritables survivants du *Titanic*.

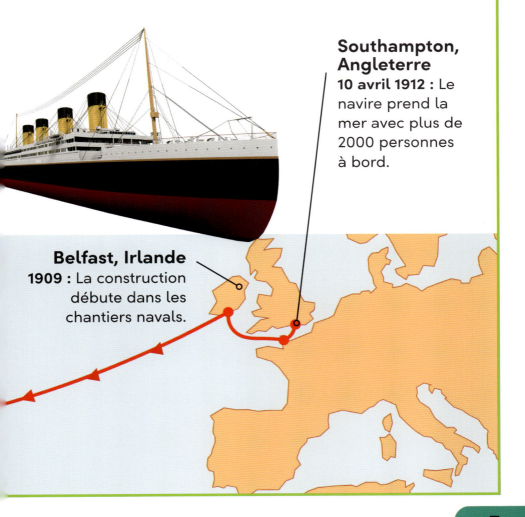

Southampton, Angleterre
10 avril 1912 : Le navire prend la mer avec plus de 2000 personnes à bord.

Belfast, Irlande
1909 : La construction débute dans les chantiers navals.

Le départ d'une famille

Will Tate regarde l'océan et sourit. Avec sa famille, il s'apprête à traverser l'Atlantique vers l'Amérique sur un paquebot flambant neuf : le *Titanic*. Quelle aventure !

— Le *Titanic* est le plus grand bateau du monde ! dit Will à sa petite sœur Lucy.

— Je sais ! réplique Lucy. J'aimerais bien monter à l'étage pour voir les belles robes !

Le luxe pour certains
Le *Titanic* offre des équipements luxueux à ses passagers les plus riches, notamment une piscine, un barbier et un grand restaurant. Les passagers de première classe sont logés dans des suites privées à l'étage supérieur du bateau. La deuxième classe est un peu moins chic. La troisième classe, aux niveaux inférieurs du bateau, est la moins chère. Les cabines de troisième classe à bord du *Titanic* sont simples mais confortables.

Une nuit, Will, allongé sur sa couchette, écoute le bourdonnement des moteurs.

— Bientôt, nous aurons une nouvelle vie en Amérique, lui souffle maman.

Will a eu de la peine de quitter leur maison en Angleterre, mais il se réjouit des nouvelles aventures qui attendent sa famille en Amérique. Il sourit et se blottit dans sa couverture.

Soudain, il sent une forte secousse et entend un bruit sur le côté du bateau. Il en tombe presque de sa couchette.

Navire postal
Le nom officiel du célèbre paquebot est R.M.S. *Titanic*. R.M.S signifie Royal Mail Ship, navire postal royal. Le *Titanic* transporte 3364 sacs de courrier et cinq préposés au courrier travaillent à bord. Aucun d'eux ne survivra au naufrage, et tout le courrier sera perdu.

Iceberg !

Will et son père s'habillent et sortent de leur cabine pour voir ce qui se passe. Sur le pont de la troisième classe, des passagers jouent au football avec des morceaux de glace. Personne n'a l'air inquiet. Will shoote dans un bloc de glace et feinte un garçon de son âge.

— But ! s'exclame papa.

Soudain, un des stewards du bateau interrompt la partie.

— Le bateau a heurté un iceberg, dit-il. Il n'y a pas de danger, mais il va falloir que tout le monde mette un gilet de sauvetage.

Will et son père retournent vite vers leur cabine prévenir maman et Lucy.

Collision

Lorsque le *Titanic* heurte l'iceberg, celui-ci fait un trou dans la coque, qui n'est plus étanche : l'eau se met donc à entrer dans le fond du bateau.

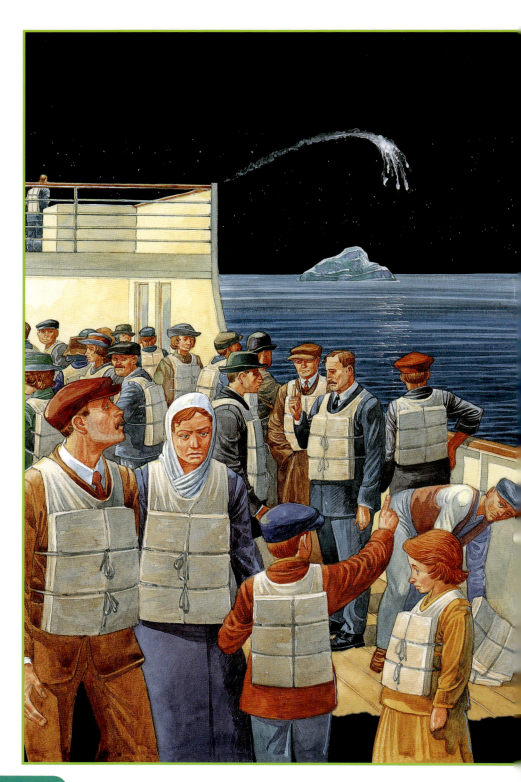

— Pour quoi faire ? demande Lucy en se frottant les yeux tandis qu'on lui met son gilet de sauvetage.

— Comme ça tu flotteras dans l'eau, dit Will. Au cas où.

Soudain, une lumière vive s'élève dans la nuit étoilée. Puis elle éclate avec un BANG, comme un feu d'artifice.

— C'est une fusée de détresse, explique papa. Et je vois un canot de sauvetage. Le bateau doit avoir un problème.

En détresse
Le *Titanic* utilise un télégraphe sans fil pour envoyer des signaux de détresse permettant de faire savoir aux autres bateaux à proximité qu'il est en difficulté. Il envoie également des fusées. Mais pour envoyer un signal de détresse, un navire est censé lancer une fusée par minute. Or le Titanic n'en lancera que huit au total, et avec un intervalle plus long qu'une minute entre chaque, si bien que malheureusement, les autres navires ne comprennent pas le message.

Aux canots de sauvetage

— Les canots de sauvetage sont sur le pont supérieur, dit papa, se dirigeant vers l'escalier.

— Par ici ! dit maman.

L'intérieur du bateau est comme un grand labyrinthe. La famille court dans des coursives déjà envahies par l'eau.

Ponts inférieurs
Lorsque le bateau se met à prendre l'eau, les passagers de troisième classe, sur les ponts inférieurs, sont presque complètement oubliés par les membres de l'équipage, qui se précipitent au secours des personnes les plus proches, et tentent de se sauver eux-mêmes.

Le bateau bascule, le plancher s'incline et Will n'arrive plus à marcher droit. D'une main, il attrape une rampe, et de l'autre, il entraîne Lucy dans le grand escalier. Ils arrivent enfin sur le pont supérieur.

— Le bateau est en train de couler ! s'écrie un passager apeuré.

— C'est impossible, le *Titanic* est insubmersible ! réplique un autre.

La famille rejoint vite les canots de sauvetage. Insubmersible ou pas, le bateau est en difficulté, et ils ne veulent pas prendre de risques.

— Les femmes et les enfants d'abord ! lance un officier tandis que les passagers se précipitent pour monter dans les canots de sauvetage.

Ordre d'évacuation
Le capitaine du *Titanic* annonce aux passagers que les femmes et les enfants prendront place dans les canots de sauvetage avant les hommes. Tous les capitaines n'ont pas insisté pour que cette consigne soit respectée.

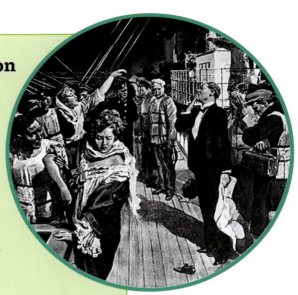

—Je ne pars pas sans toi, Tom, dit maman à papa.

Mais le père secoue la tête.

— Non, Jean. Tu dois partir. Prends soin des enfants.

Maman embrasse papa et monte dans le canot avec Lucy.

Au tour de Will, maintenant.

— Will, monte dans le canot ! le presse maman.

— Vite ! Lucy se met à pleurer.

Will est terrifié, mais ne supporte pas l'idée de partir sans son père.

— Je reste avec papa, dit-il.

— Will, il faut que tu partes avec ta mère et ta sœur, dit papa.

Mais trop tard : l'officier a déjà commencé à faire descendre le canot vers la mer.

— Retrouve-nous ! lance maman, et Will promet qu'il le fera.

Nombre insuffisant

Le Titanic a seulement 20 canots de sauvetage, à peine assez pour la moitié des passagers et de l'équipage. Il y avait de la place sur le bateau pour des canots supplémentaires, mais on a pensé qu'ils encombreraient le pont, et on les a laissés à terre. Malgré le nombre insuffisant de canots de sauvetage, la plupart ne sont pas remplis. L'équipage n'a pas été entraîné à charger les canots de sauvetage et craint qu'ils ne soient pas assez solides si on y fait monter le nombre prévu de personnes.

Il ne reste bientôt plus que quelques canots. Des cris de terreur s'élèvent dans la foule tandis que les gens se battent pour monter à bord. Will sent la main de son père sur son épaule : il le pousse entre les gens et le fait monter dans un canot ! Le canot tangue en descendant vers l'eau. Will lève les yeux vers le *Titanic*.

Son père lui fait signe de la main.
— Je te retrouverai, mon fils ! lance-t-il.

Gilet de sauvetage
Les survivants du *Titanic* sauvés par le Carpathia portent des gilets de sauvetage comme celui-ci.

Règles des canots de sauvetage

Depuis le désastre du *Titanic*, les navires doivent avoir suffisamment de canots de sauvetage pour tout le monde à bord. Et les exercices de sécurité sont obligatoires.

Le naufrage de l'insubmersible

Tandis que Will rame pour aider à éloigner le canot de sauvetage du Titanic, le navire bascule vers l'avant avec fracas. Certaines personnes s'accrochent au bastingage. D'autres sautent dans l'eau depuis les ponts.

Des musiciens courageux

L'orchestre du *Titanic* est composé de huit musiciens qui jouent pour les passagers de première classe. Lorsque le navire commence à couler, l'orchestre joue pour calmer les passagers. Aucun des musiciens ne survivra. Plusieurs monuments, en Australie et en Angleterre, rappellent leur bravoure.

— Il faut que je sauve mon père ! s'exclame Will, et il essaie de ramer vers le navire en train de couler.

Mais les autres personnes à bord du canot l'en empêchent. Elles doivent s'éloigner le pluspossible du navire pour ne pas risquer d'êtreentraîné avec lui.

Le Titanic finit par disparaître entièrement sous l'eau. Will doit savoir qu'on ne peut pas survivre longtemps dans cette eau glacée, mais il est convaincu que son père va s'en sortir.

Les canots de sauvetage dérivent ensemble, certains s'attachent à d'autres avec des cordes. Will scrute désespérément les autres canots à la recherche de maman et Lucy lorsqu'il entend une voix familière.

Naufrage
L'avant du *Titanic* coule en premier. Trois heures après avoir touché l'iceberg, le *Titanic* sombre complètement dans l'eau.

— Will !

Sa mère rame avec d'autres pour rapprocher de son canot. Will monte prudemment à bord et se blottit contre sa sœur.

Lucy tremble, et Will la serre contre lui.

— Où est papa ? demande-t-elle.

— Je suis sûr qu'il va bien, dit Will.

Dans l'air froid, son haleine fait des nuages de vapeur.

Les canots dérivent longtemps. Soudain, Will voit une lueur au loin : un navire vient les sauver ! Les gens poussent des cris de joie.

Calme et froid

La nuit du naufrage du *Titanic*, l'océan atlantique nord est calme et froid. Il n'y a pas de vent, et donc quasiment pas de vagues. Les experts estiment que cette nuit-là, la température de l'eau est d'environ 28°F (soit -2°C), un froid très rapidement mortel pour les humains. S'ajoute à cela qu' il y a beaucoup d'icebergs et de morceaux de banquise juste autour de la zone où le *Titanic* a sombré.

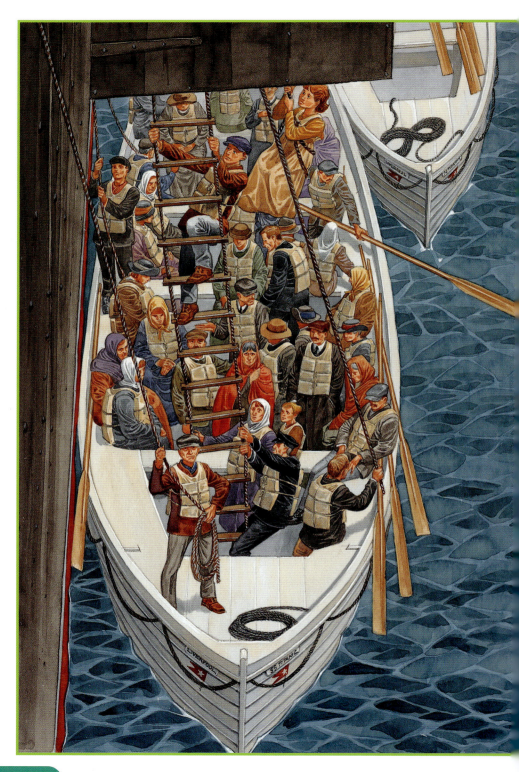

Sauvetage

Juste avant l'aube, le *Carpathia*, venu à la rescousse les passagers du *Titanic*, arrive près des survivants. Will et sa mère montent à l'échelle de corde en se tenant très fort car elle est secouée par le vent. L'équipage du navire de sauvetage hisse Lucy et plusieurs autres enfants à bord dans un sac de courrier. Tous trois ont froid, faim et sont épuisés. Mais le plus important maintenant est de retrouver papa.

Navire de sauvetage
Au milieu de la nuit, le *Carpathia* entend les appels de détresse du *Titanic*. Le navire fait demi-tour et met le cap sur le *Titanic*. Le capitaine du *Carpathia* fait tout ce qu'il peut pour avancer le plus vite possible. Mais il sera trop tard pour de nombreux passagers.

Accoudé au bastingage, Will parcourt des yeux l'assemblée des survivants. « Là ! » Il vient de voir son père dans un canot à côté d'une femme et de son bébé.

– Papa, papa ! s'écrie Lucy.

Leur père monte à bord et court retrouver sa famille.

– J'ai sauté dans le dernier canot de sauvetage, souffle-t-il en se jetant dans les bras de maman. Je suis si content de vous voir !

La plus jeune survivante
Alors tout juste âgée de 9 semaines, Millvina Dean est la plus jeune survivante du Titanic. Sa mère a pu monter à bord d'un canot de sauvetage avec son frère, et elle et ils ont été sauvés par le Carpathia. Millvina, qui a vécu jusqu'à 97 ans, était la dernière survivante du Titanic.

Trois jours plus tard, le *Carpathia* arrive en Amérique. Will est sur le pont avec sa famille lorsque le navire entre dans le port de New York.

— Tant de personnes sont mortes, dit papa tristement.

– Nous avons eu beaucoup de chance, dit maman.

Will et Lucy hochent la tête.

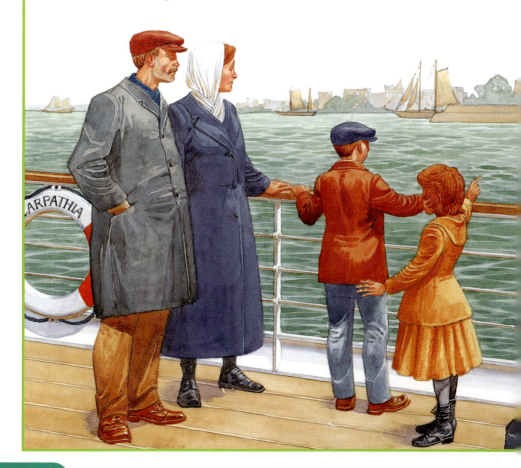

Après le *Titanic*

Sur les 2000 personnes à bord du *Titanic*, seules un peu plus de 700 ont survécu. Après cette catastrophe, de nombreuses lois changent pour assurer la sécurité des passagers et de l'équipage. L'une d'elle stipule que le poste radio soit occupé jour et nuit. Un navire non loin du *Titanic* n'a en effet pas reçu son signal de détresse parce que l'opérateur était parti se coucher. Désormais, on ne peut plus manquer un signal de détresse.

Découverte

Le 1er septembre 1985, le *Titanic* est aperçu pour la première fois depuis 73 ans. Deux équipes de scientifiques, parmi lesquels l'océanographe Robert Ballard, trouvent l'épave grâce à un robot sous-marin muni d'une caméra. Ils fouillaient la zone où le Titanic a envoyé ses derniers signaux de détresse.

Mission secrète

Plusieurs années après la découverte du *Titanic*, Robert Ballard révèle qu'il était en mission secrète pour la marine américaine au moment où il a retrouvé le *Titanic*. Il a localisé les épaves de deux sous-marins avant de se mettre à chercher le *Titanic*.

Une caméra robotisée explore l'épave du Titanic en 2004.

Service à petit-déjeuner du *Titanic*, photo de l'épave prise en 1987

Le *Titanic* gît au fond de l'océan, à plus de trois kilomètres de profondeur. Il s'est cassé en deux en coulant : la proue, ou l'avant du navire, et la poupe, ou l'arrière du navire. Tout autour de l'épave se trouvent des objets, comme de la vaisselle ou des meubles. Scientifiques et explorateurs étudient l'épave du *Titanic* pour mieux comprendre ce qui s'est passé la nuit du naufrage.

Rusticles
L'épave du *Titanic* est couverte de rusticles, des dépôts de rouille en forme de stalactites dans lesquelles vivent des bactéries. Elles grignotent lentement l'épave, et un jour il n'en restera plus rien. Une nouvelle espèce de bactéries a été découverte dans ces rusticles et nommée d'après le *Titanic* : *Halomonas Titanicae*.

En 2022, des scientifiques se servent de robots sous-marins pour prendre plus de 700 000 photos de l'épave. Ils les assemblent ensuite pour créer une maquette numérique en 3D du *Titanic* que l'on peut explorer sans descendre au fond de l'océan.

Morceaux d'histoire

Un artéfact est un objet qui vient d'une époque, d'un lieu ou d'un événement historique. Les artéfacts du *Titanic* racontent l'histoire du navire, de ses passagers et des membres de l'équipage.

Certains viennent de l'endroit où le *Titanic* a coulé en 1912. C'est ce que les gens portaient sur eux, leurs vêtements, ou les objets emportés en fuyant le navire. Il s'agit aussi d'objets qu'on a retrouvés flottant dans l'eau en cherchant les survivants.

Chaise longue
Cette chaise longue flottait dans l'eau après le naufrage du *Titanic*. Les passagers s'asseyaient dessus sur le pont pour prendre l'air.

Menu du déjeuner de la première classe

Un passager de première classe a emporté ce menu avec lui à bord d'un canot de sauvetage. Il s'agit du menu du dernier déjeuner servi à bord avant le naufrage.

Morceau de la coque du *Titanic*

Le plus gros vestige récupéré sur l'épave est un morceau de coque pesant 15 tonnes: plus que deux éléphants.

D'autres artéfacts ont été récupérés dans l'épave des années plus tard. Mais la plupart des explorateurs et chercheurs pensent qu'il ne faut pas toucher à l'épave d'un navire. Ils préfèrent prendre des photos et faire des vidéos de l'épave pour les étudier.

En mémoire du *Titanic*

Le *Titanic* est l'un des navires les plus célèbres de l'histoire. Des monuments au navire et à ses passagers font en sorte qu'on ne les oublie pas.

À Southampton, en Angleterre, où le *Titanic* a débuté son voyage, un mémorial est installé sur le quai où les passagers sont montés à bord. Un autre monument rend hommage aux musiciens du *Titanic*.

Les survivants du *Titanic* sont arrivés à New York sur le Pier 54, aujourd'hui devenu un parc. Seule l'arche du bâtiment de la jetée a été conservée.

À Belfast, où le navire a été construit, un musée et un mémorial rappellent l'endroit où « l'insubmersible » Titanic a pris la mer.

Chansons, films et livres

Le *Titanic* a inspiré des livres, des chansons et des films. Plus de 500 chansons ont été écrites sur le navire. D'innombrables livres et plusieurs films racontent l'histoire du *Titanic* et de la nuit de son naufrage. Le *Titanic* et ses passagers ont aussi inspiré une comédie musicale et un opéra.

Navires-jumeaux

Le *Titanic* avait deux navires-jumeaux, *Olympic* et *Britannic*. On les appelle jumeaux car les navires ont été construits selon les mêmes plans. L'*Olympic* a servi au transport de troupes britanniques pendant la Première Guerre mondiale, avant de devenir un navire civil. Quant au *Britannic*, il a été transformé en navire-hôpital pendant la guerre. Il a coulé après avoir heurté une mine sous-marine en 1916.

Le navire au fond de l'océan est désormais protégé lui aussi. Depuis 2012, le *Titanic* est placé sous la protection d'un traité international sur le patrimoine culturel et les vestiges immergés. Une épave doit être sous l'eau depuis au moins cent ans pour être protégée par ce traité.

La proue du *Titanic* en 2022

Glossaire

Artéfact
Objet provenant d'une période, d'un endroit ou d'un événement historique

Bactérie
Micro-organisme qui vit dans l'eau, le sol, les végétaux ou les animaux

Coque
Partie du bateau qui est dans l'eau

Détresse
Situation de danger ou de nécessité extrême

Iceberg
Gros bloc de glace flottant qui s'est détaché d'un glacier

Luxe
Qui ajoute au confort ou au plaisir mais n'est pas nécessaire

Mémorial
Œuvre d'art ou monument rappelant des personnes ou un événement

Océanographe
Scientifique qui étudie l'océan

Passager
Personne à bord d'un véhicule de transport

Poupe
Arrière d'un bateau

Proue
Avant d'un bateau

Steward
Employé d'un navire qui s'occupe des besoins des passagers

Survivant
Personne toujours en vie après un événement traumatique ou un accident mortel

Télégraphe
Appareil utilisant des signaux électriques pour envoyer des messages à longue distance

Index

Angleterre 7, 11, 25, 42
Atlantique, océan 6, 8, 29
artéfacts 38, 40-41
bactérie 39
Ballard, Robert 36
Belfast, Irlande 7, 43
Britannic 44
canots de sauvetage 15-16, 18-28, 32-33, 41
capitaine 19, 31
Carpathia 31-34
carte du voyage 6-7
chaise longue 40
chansons 43
coque 6, 13, 41
courrier 11, 31
Dean, Millvina 33
découverte de l'épave 36-39
deuxième classe 8
épave, découverte de l' 36-39
épaves sous-marines 36
équipage 16, 20, 31, 35, 40
femmes et les enfants d'abord, les 18-19
films 43
fusées 15

gilets de sauvetage 12, 15, 22
icebergs 6, 12-13, 27
lieu de l'épave 36, 38
localisation de l'épave 36-39
lois et règles 23, 35
lois de sécurité 23, 35
maquette 3D 39
mémoriaux 25, 42-43
menu 41
menu du déjeuner 41
musiciens 25, 42
naufrage du Titanic 6, 18, 24-27
navires-jumeaux 44
New York, États-Unis 6, 34, 42
Olympic 44
orchestre 25, 42
passagers
  artéfacts 40-41
  première classe 8, 25, 41
  aux canots de sauvetage 16-23
  mémoriaux 25, 42-43
  sauvetage 22, 28, 31-34, 40
  règles de sécurité et lois 23, 35
  deuxième classe 8

survivants 6-7, 22, 31-35, 40, 42
troisième classe 8, 12, 16
première classe 8, 25, 41
Première Guerre mondiale 44
poupe 38
proue 45
radio 35
radio sans fil 35
règles et lois 23, 35
robot-caméra 36-37, 39
robot sous-marin 36-37, 39
rusticles 39
sauvetage 22, 28, 31-34, 40
signaux de détresse 15, 31, 35-36
Southampton, Angleterre 7, 42
survivants 6-7, 22, 31-35, 40, 42
télégraphe sans fil 15
température de l'eau 29
traité 45
troisième classe 8, 12, 16

47

Quiz

Réponds aux questions pour voir ce que tu as appris. Puis regarde les réponses en bas de page.

1. Où commence le premier et unique voyage du *Titanic* ?
2. Combien de personnes y a-t-il à bord ?
3. De quel pays part la famille de Will Tate ?
4. Que veut dire R.M.S. dans R.M.S. *Titanic* ?
5. Qu'est-ce que le *Titanic* n'a pas en nombre suffisant ?
6. Combien de personnes survivent au naufrage du *Titanic* ?
7. Quel est le nom du navire qui sauve les survivants du *Titanic* ?
8. En quelle année l'épave du *Titanic* est-elle découverte ?

1. Southampton, Angleterre 2. plus de 2000 3. L'Angleterre
4. Royal Mail Ship 5. Des canots de sauvetage 6. 700
7. Le *Carpathia* 8. 1985